INSANE DRUM SHEETS

by Thomas Zimmermann

AF289982

Bibliografische Information der Deutschen Nationalbibliothek: Die Deutsche Nationalbibliothek verzeichnet diese Publikation in der Deutschen Nationalbibliografie; detaillierte bibliografische Daten sind im Internet über dnb.dnb.de abrufbar.

Herstellung und Verlag: BoD - Books on Demand, Norderstedt

ISBN 978-3-7597-1224-0

Streaming & Download

Streaming

Die Backings/Playalongs zu diesem Buch findest du auf Spotify, YoutubeMusic, AmazonMusic und vielen weiteren Musik-Portalen. Tippe einfach beim Streamingdienst deiner Wahl in das Suchfeld „insane drum sheets" oder den gesuchten Titel ein.

Über die QR-Codes oder „www.bit.ly-Adressen" gelangst du zu den Drum-Sheets Playlisten.

www.bit.ly/drumsheetsspotify

www.bit.ly/drumsheetsyoutube

www.bit.ly/drumsheetsamazon

Download (mp3)

Wenn du eine mp3 Download-Variante bevorzugst, was in einigen Fällen sicher von Vorteil ist, kannst du diese auf der Drum-Sheets Website erhalten:

www.drum-sheets.com

Dort bekommst du auch Versionen die im Stream nicht erhältlich sind, wie z.B. Varianten „mit Click", „ohne Click" oder „only Drums" etc. und kannst somit z.B. mithilfe einer „Slow-Downer-App" auch das Tempo ändern.

Die mp3 Downloads sind im Drum-Sheets-Shop erhältlich, jedoch nicht Bestandteil dieses Buches.

Bei Fragen oder Problemen wende dich an sale@drum-sheets.com

D.C. (Da Capo)

D.C. bzw. **Da Capo** meint **"vom Anfang an"** spielen. Es bedeutet, dass du nach dem Erreichen der Buchstaben **D.C.** zum Beginn des Sheets zurückkehren sollst.

D.S. (Dal Segno)

D.S. bzw. **Dal Segno** meint **"vom Zeichen an"** 𝄋 zu spielen. Es bedeutet, dass du nach dem Erreichen der Buchstaben **D.S.** zu der zuvor markierten Stelle (also dem **Dal Segno-Zeichen)** im Sheet zurückspringen und von dort aus weiter spielen sollst.

to Coda

to Coda ist die Anweisung zum „**Coda-Zeichen"** ⊕ zu springen um einen zuvor gespielten Teil bei einer Wiederholung (z.B. nach einem Da Capo) zu überspringen.

Klammer 1. Klammer 2. (Volten)

Klammern (Volten) werden verwendet, um Wiederholungen innerhalb eines Musikstücks zu kennzeichnen. Dabei gibt es in der Regel zwei Klammern: Klammer 1 und Klammer 2. Machmal gibt es auch mehrere Klammern.

So funktioniert´s:

- **Erster Durchgang:**
  Beim ersten Durchgang des Sheets werden die Noten innerhalb der **Klammer 1** gespielt.

- **Zweiter Durchgang** (Wiederholung):
  Beim zweiten Durchgang werden die Noten innerhalb der **Klammer 2** gespielt. Die Klammer 1 wird also nicht mehr beachtet!

Abkürzungen & Zeichen

Faulenzer

Der vorherige Takt wird hier wiederholt.

Doppelfaulenzer

Die beiden vorherigen Takte werden hier wiederholt.

Wiederholungszeichen

Der Bereich zwischen den beiden Zeichen wird wiederholt.

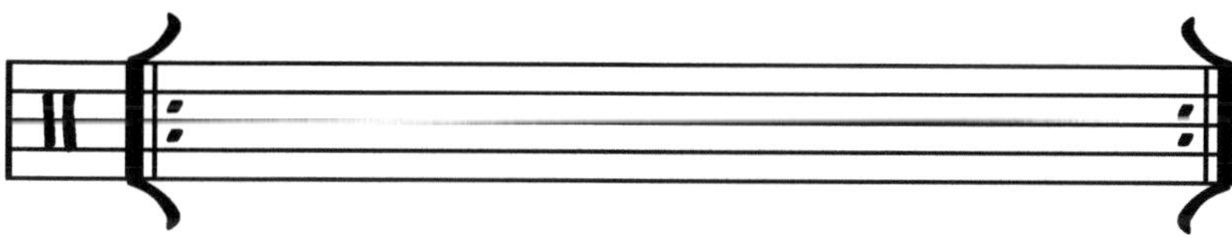

Mehrtaktpause

Hier werden längere Pausen zusammengefasst. Die Zahl zeigt die Anzahl der Pausentakte an.

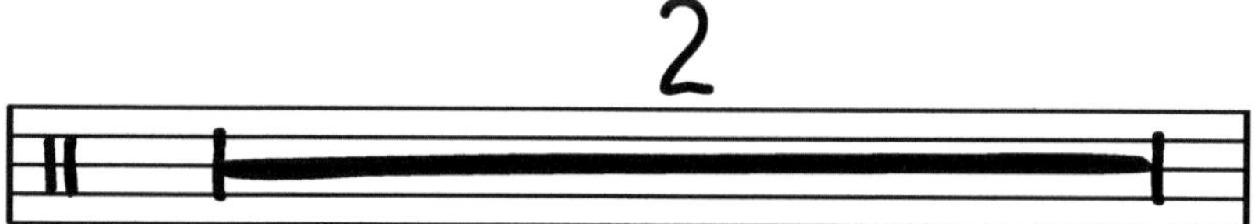

Fine

Ende des Stückes.

Sheet-Check

☑ Höre dir die Tracks an und markiere im Sheet schwierige Stellen.

☑ Beginne in einem langsamen Tempo und steigere erst nach und nach.

☑ Unterteile das Solo. Spiele einzelne Takte, dann die unterschiedlichen Passagen (A, B, C usw.) und Übergänge zwischen den verschiedenen Teilen.

☑ Wiederhole und verinnerliche die verschiedenen Passagen (Augen zu!).

☑ Arbeite mit Dynamik. Es darf mal laut, aber auch auch mal sehr leise sein! Vor allem bei einer reinen Solo-Performance (ohne Backing-Tracks) spiele beispielsweise Passagen, die sich wiederholen beim ersten mal leise, beim zweiten mal lauter oder lauter werdend. Entscheide was gut klingt oder bespreche dich mit deinem Drumcoach.

☑ Übe mit einem „imaginären Publikum". Das kann einen Mega-Effekt auf deine Spielweise haben. Es ist erlaubt und erwünscht Gefühle und Emotionen auszudrücken! Spiele die Drum-Sheets auch mal mit einem fetten Grinsen oder wütendem Gesicht und beobachte selbst wie sich dies auf dein Spiel auswirkt!

☑ Hab Geduld und Spaß, auch wenn mal was nicht klappt!

Drum-Notation

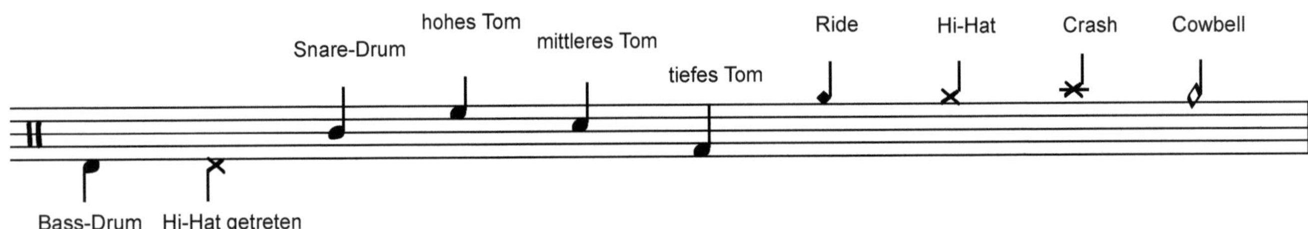

Backings available
spotify.com
music.youtube.com
music.amazon.de
drum-sheets.com

King Crossley

Thomas Zimmermann

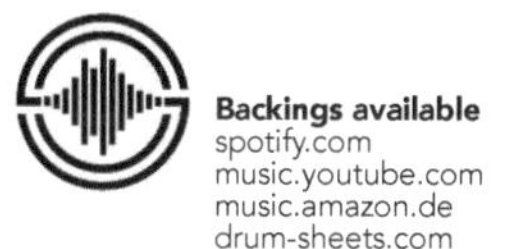

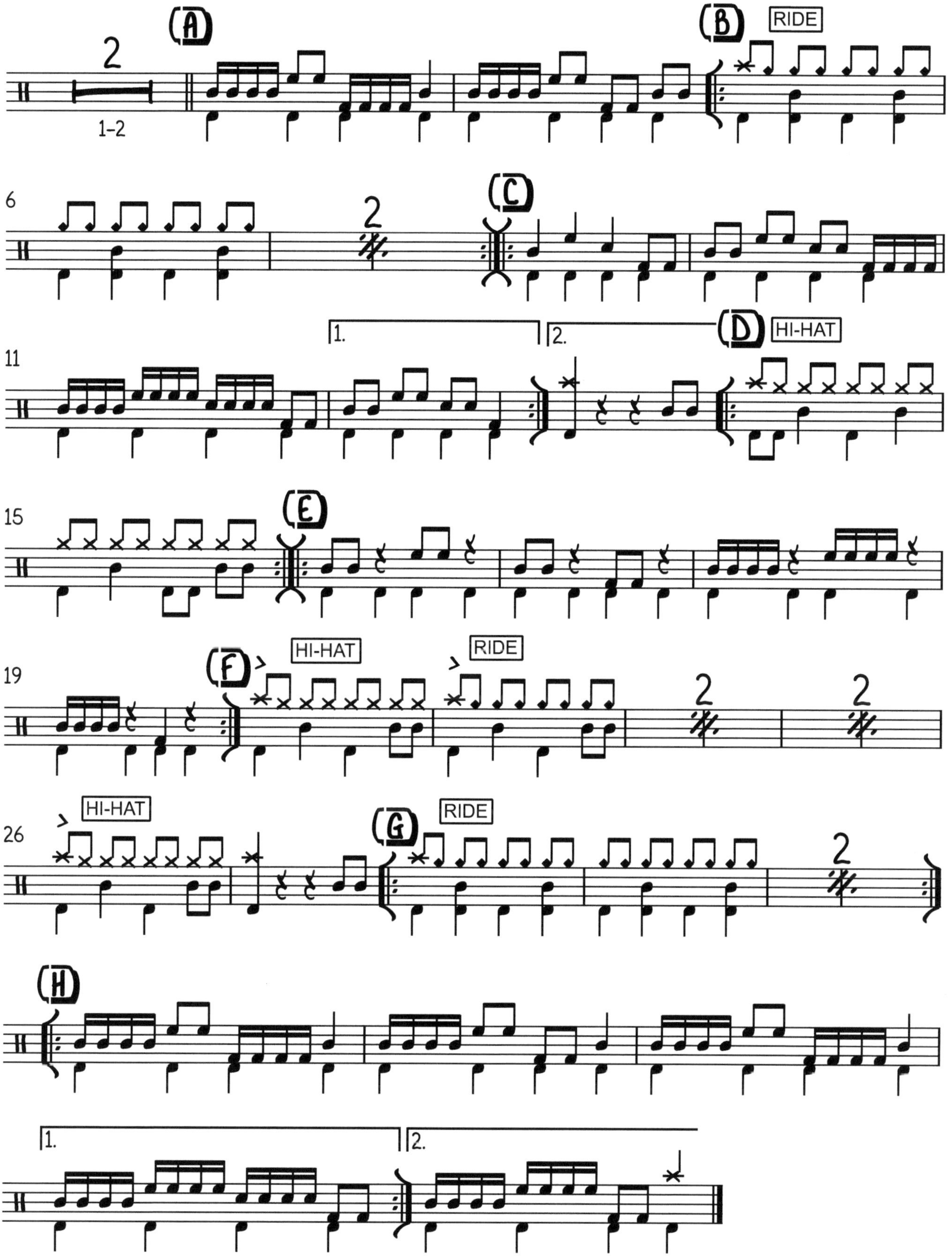

Backings available
spotify.com
music.youtube.com
music.amazon.de
drum-sheets.com

Galactic Ride

Thomas Zimmermann

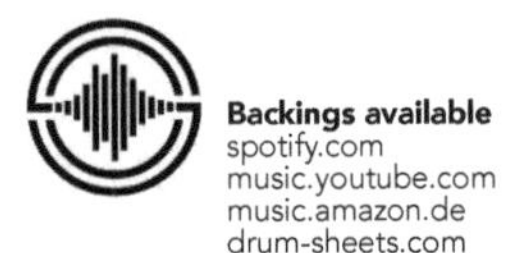

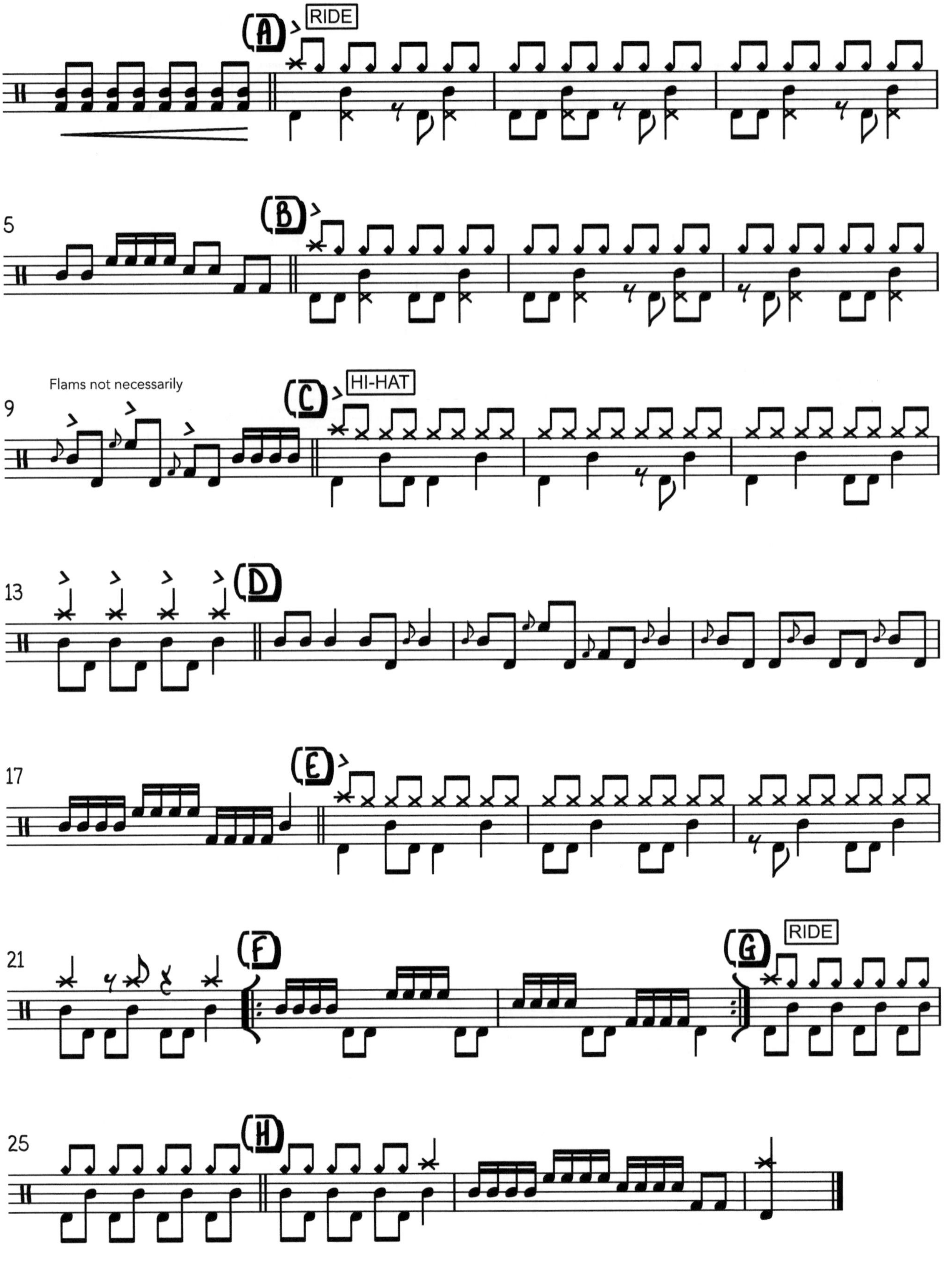

North Pole Pixies

Thomas Zimmermann

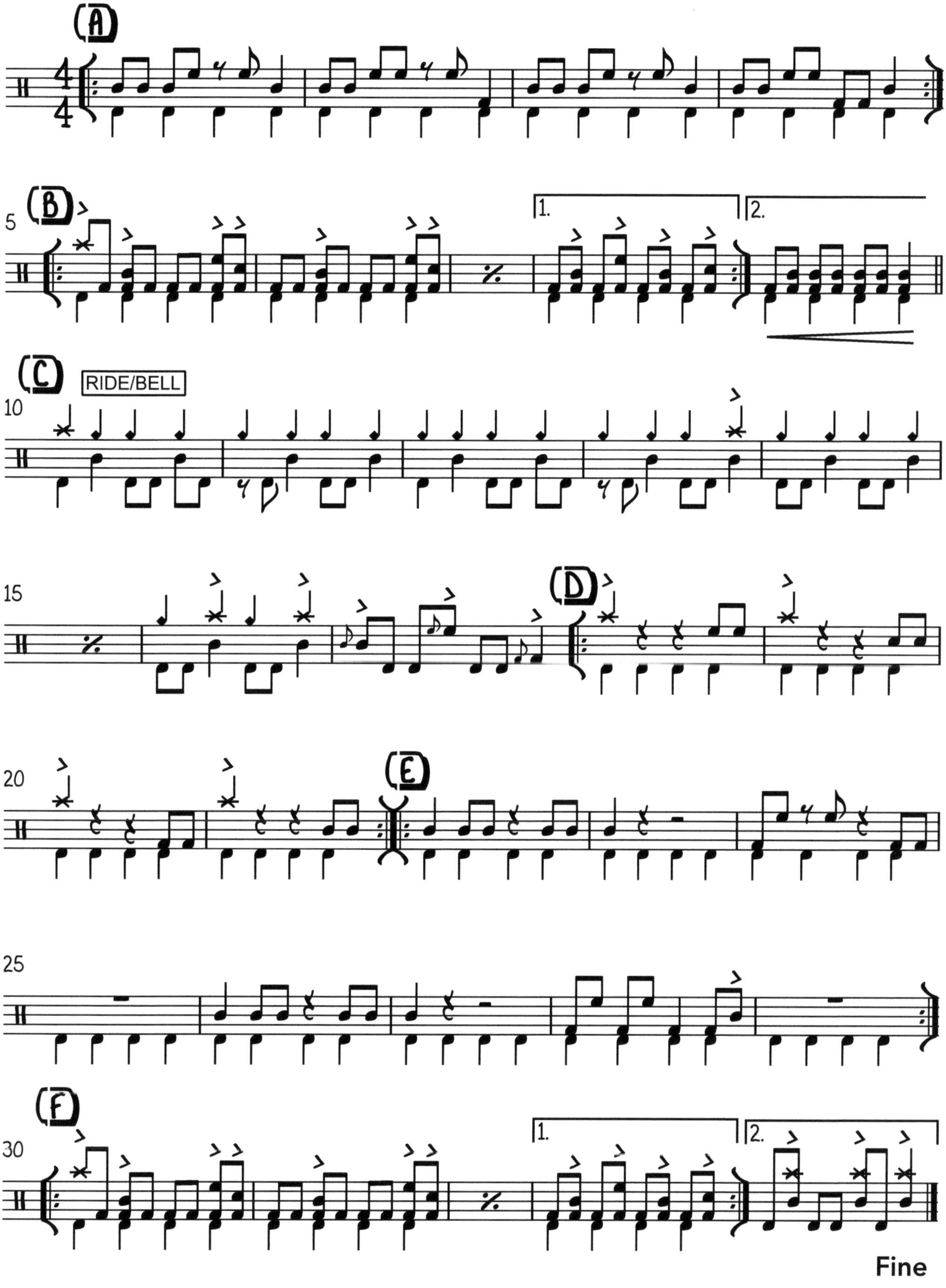

Mercury´s Dance

Thomas Zimmermann

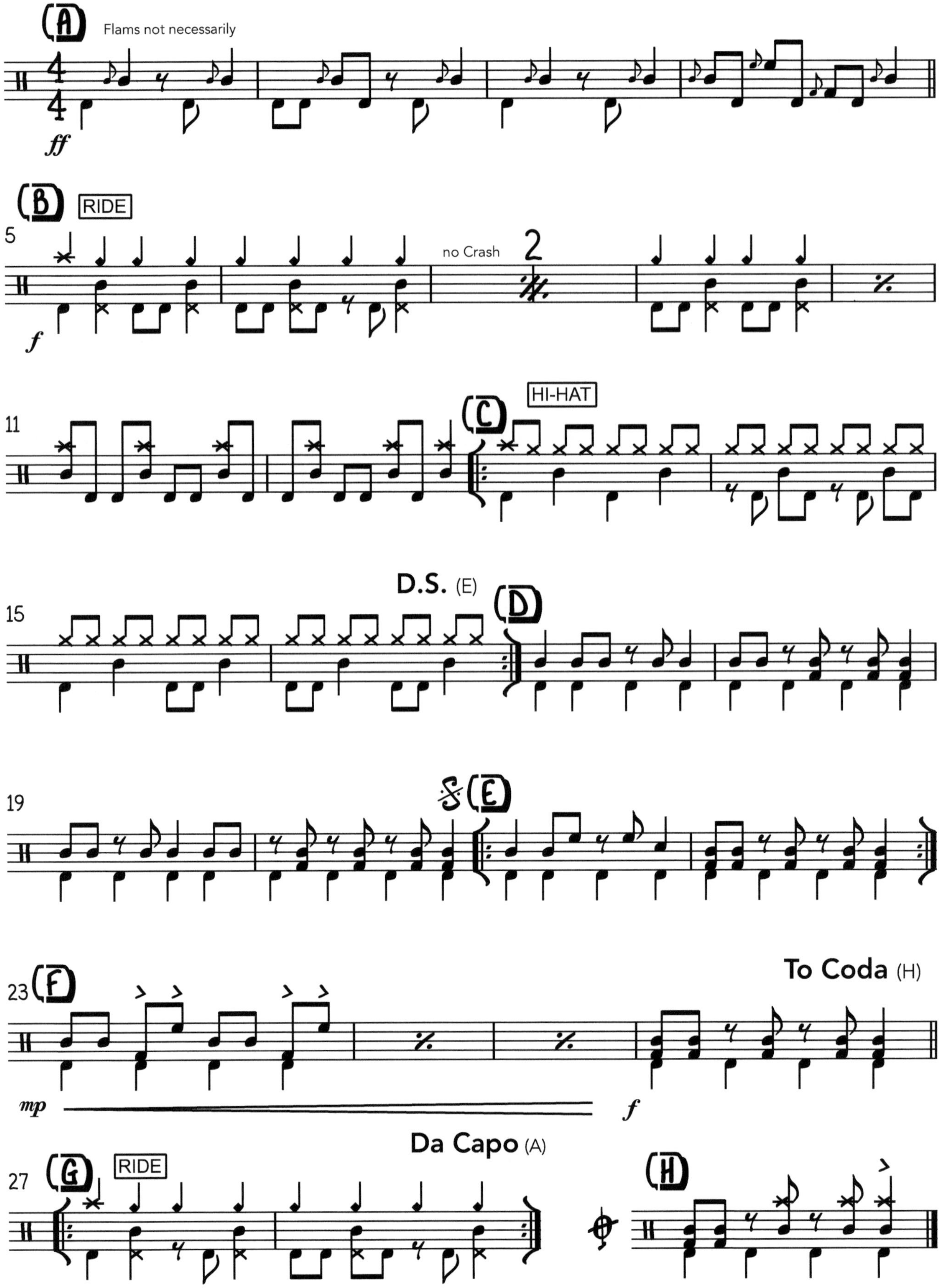

Backings available
spotify.com
music.youtube.com
music.amazon.de
drum-sheets.com

Saturn´s Surprise

Thomas Zimmermann

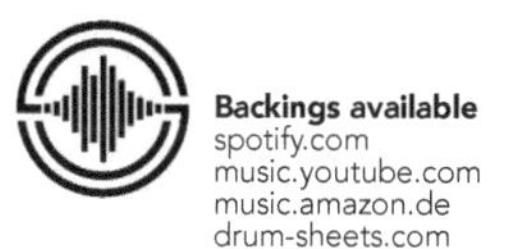

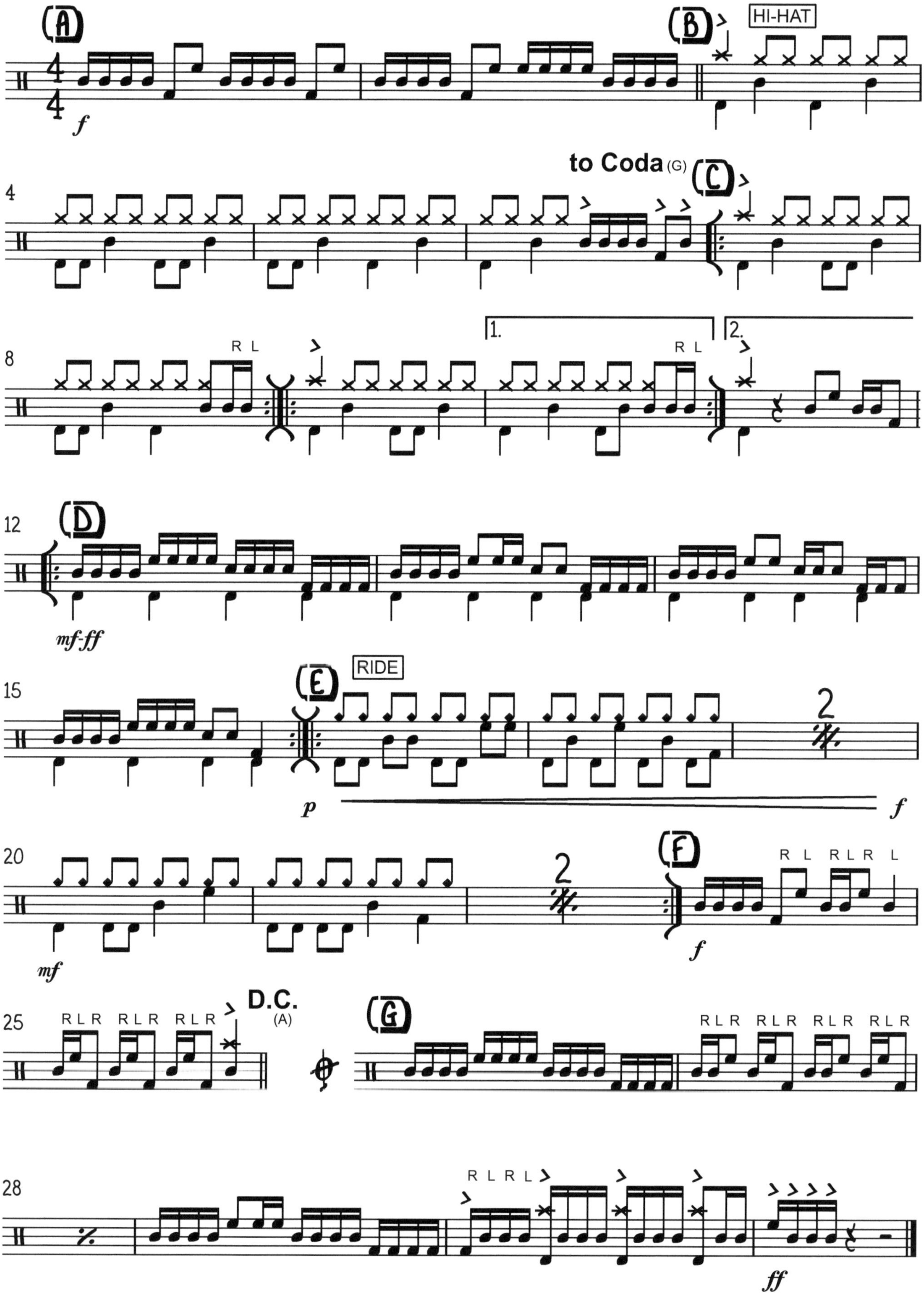

Backings available
spotify.com
music.youtube.com
music.amazon.de
drum-sheets.com

Cosmic Call

Thomas Zimmermann

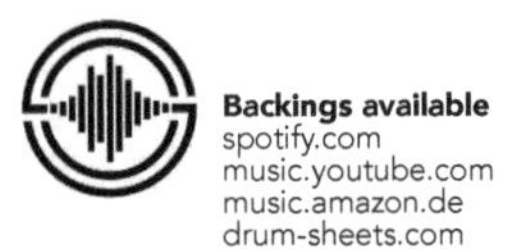

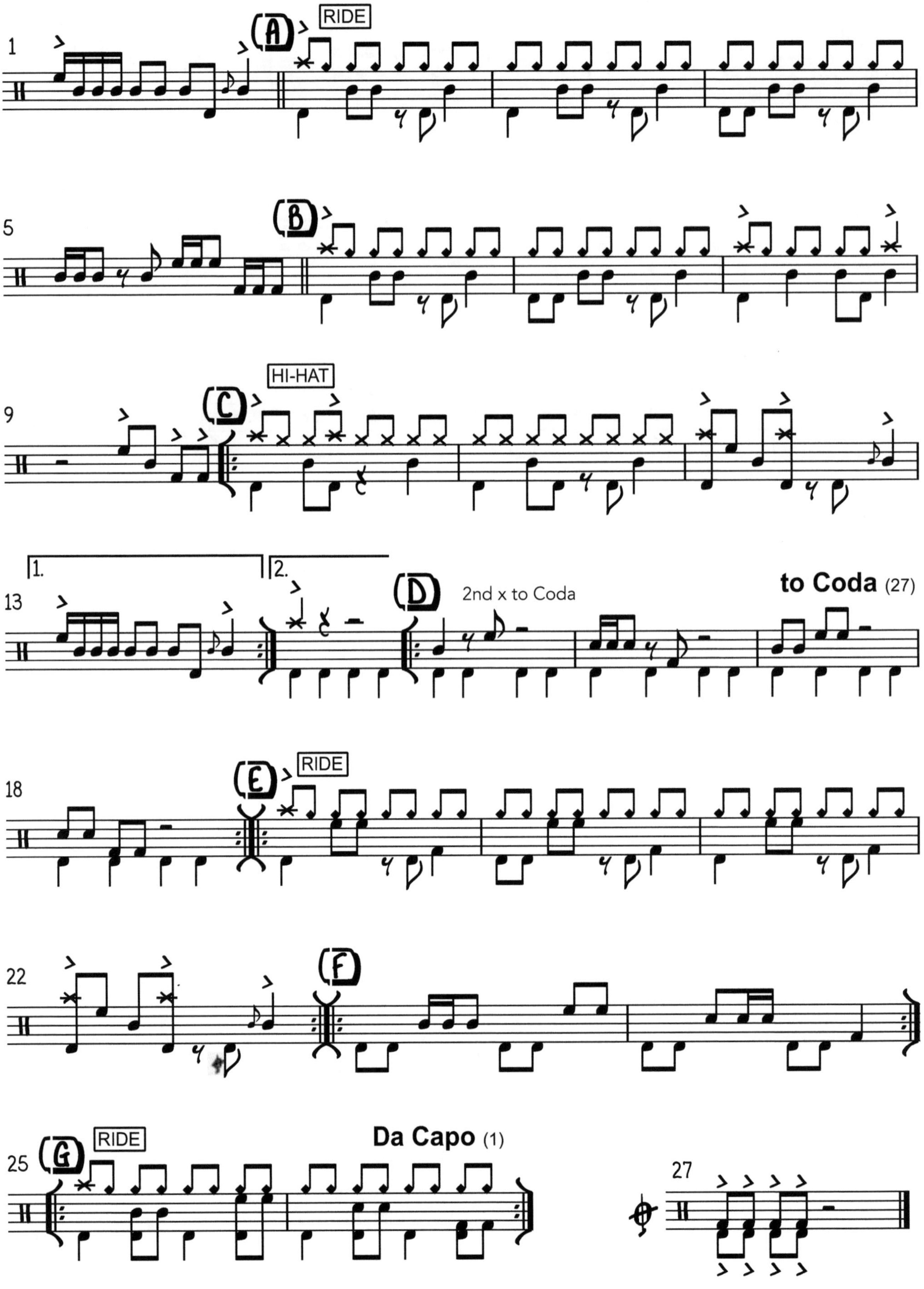

Vamos Uranus

Thomas Zimmermann

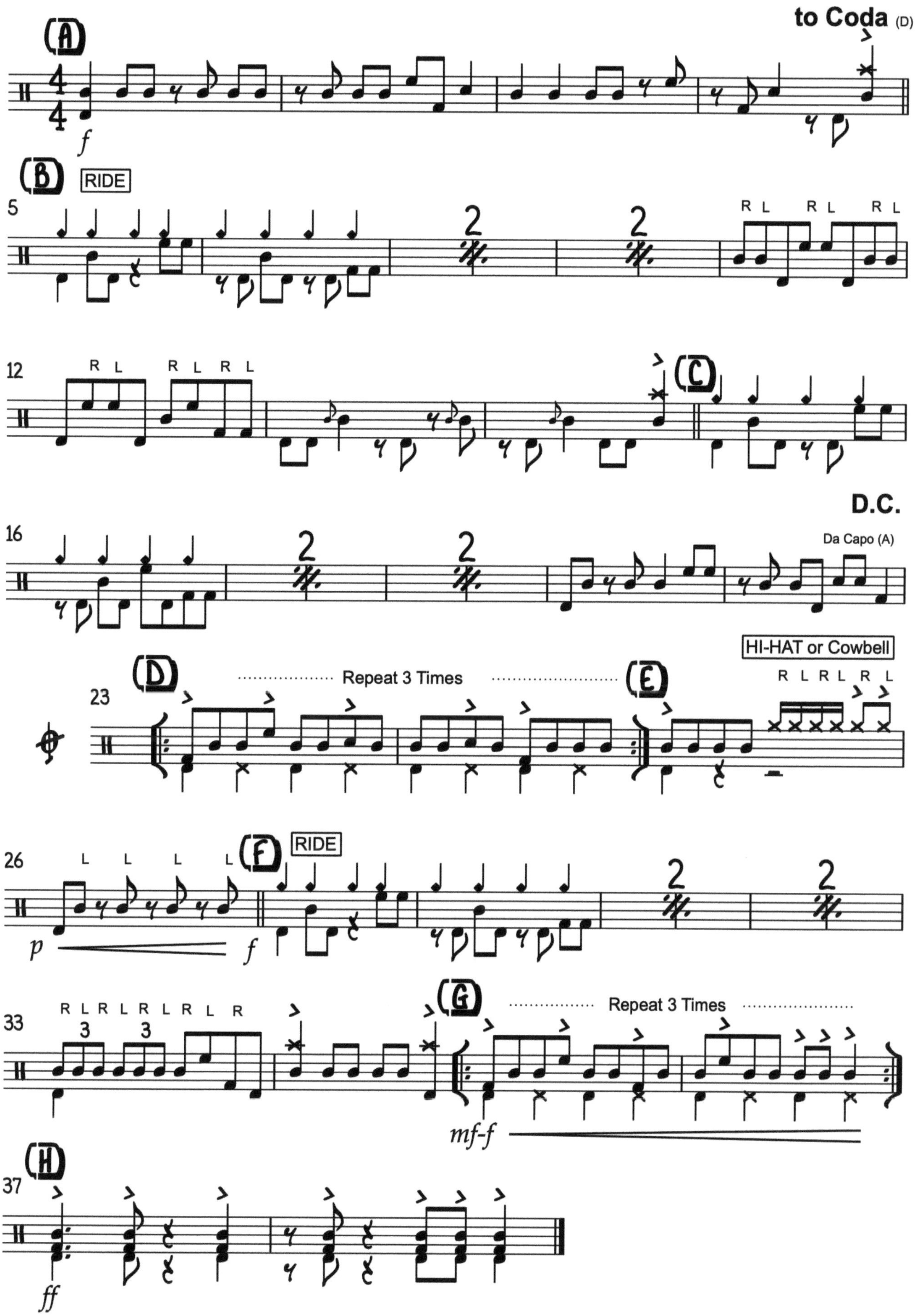

Es ist wichtig, sich konkrete und messbare Ziele zu setzen. So weißt du, worauf du hinarbeiten musst und wann du deine Ziele erreicht hast.

Chad Smith (Red Hot Chili Peppers)

16

Bistromathic
Rhythmical Warm Up

Bistromathic

Thomas Zimmermann

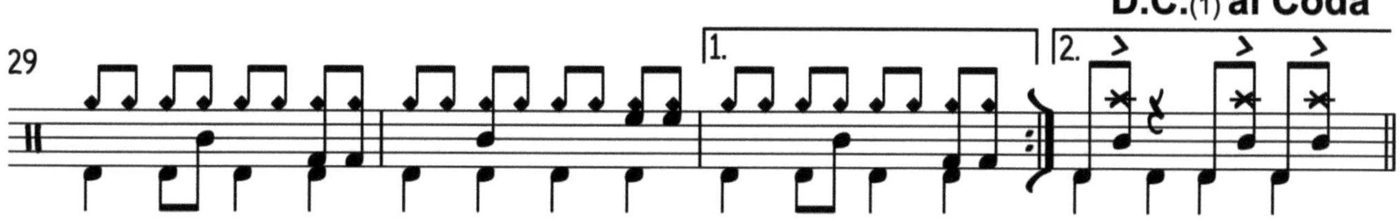
D.C.(1) al Coda
1.
2.

,, *Ein Schlagzeuger ist nicht nur ein Musiker, er ist ein Geschichtenerzähler. Er erzählt seine Geschichte mit jedem Schlag.*

Dave Grohl (Nirvana)

Jupiter´s Jive Jam
Rythmical Warm Up

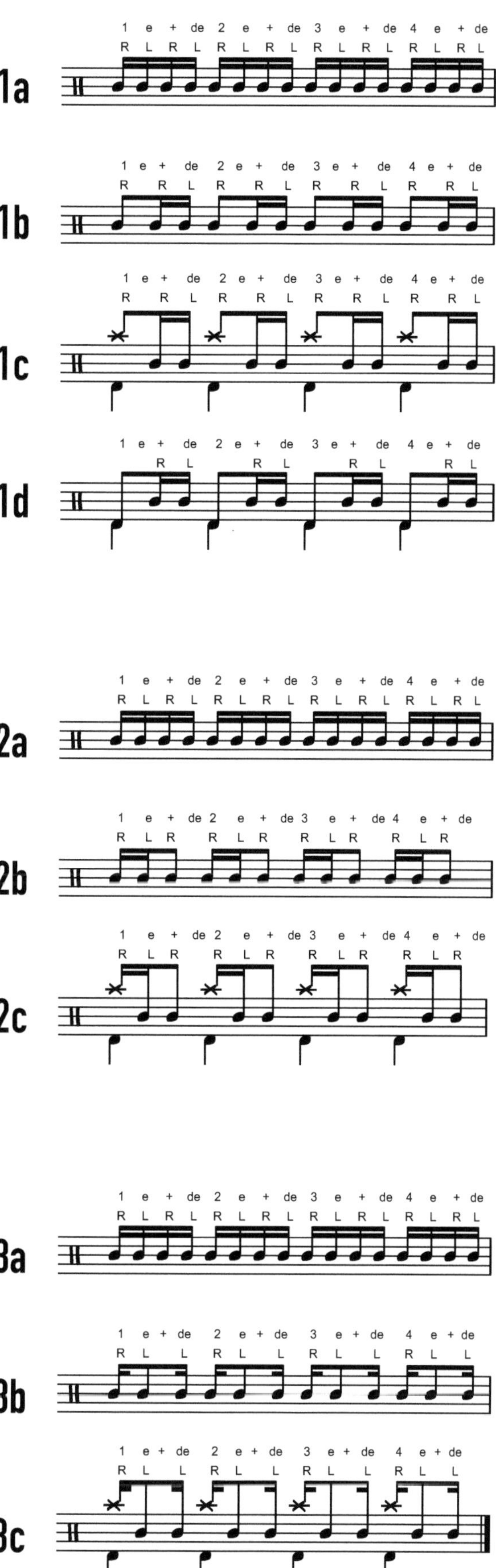

Jupiter´s Jive Jam

Thomas Zimmermann

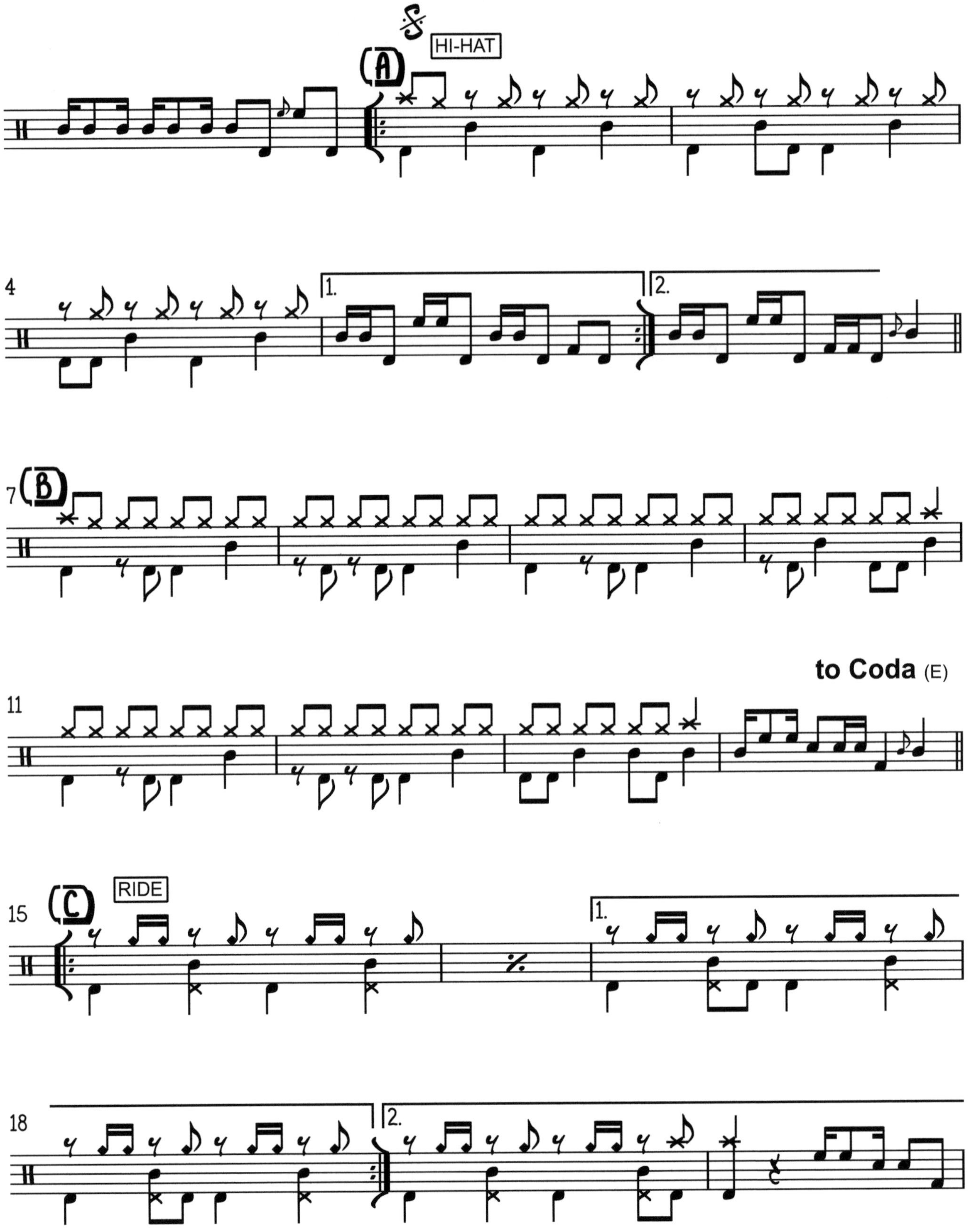

23

Club Soca

Thomas Zimmermann

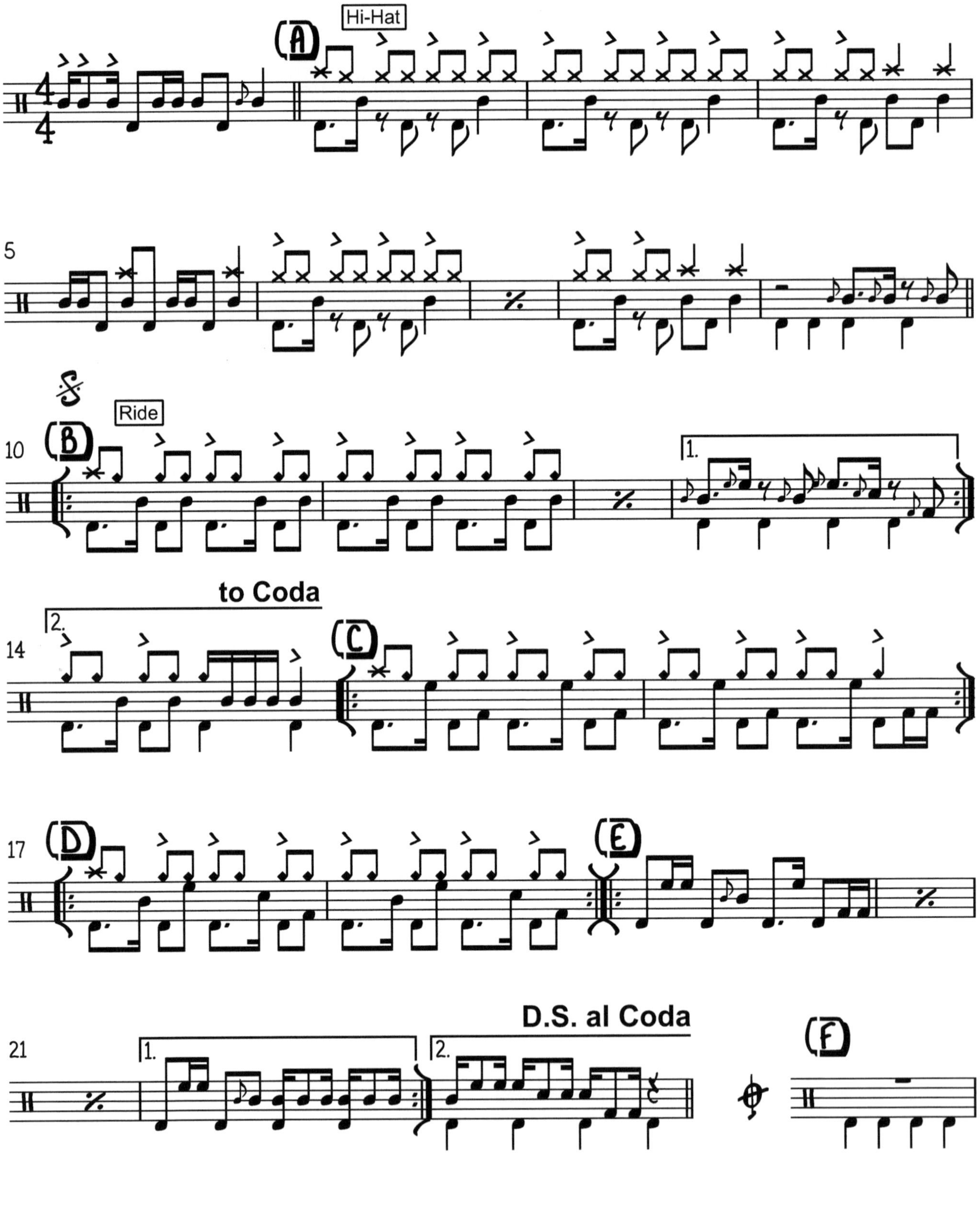

25
29
2.
(G)
35
Ride
(H)
4
39
1.
2.
(I)
Play 3 Times
Fill
43
1.
INSANE DRUM-SHEETS
25
© by drum-sheets.com

Backings available
spotify.com
music.youtube.com
music.amazon.de
drum-sheets.com

Estoy Bien

Thomas Zimmermann

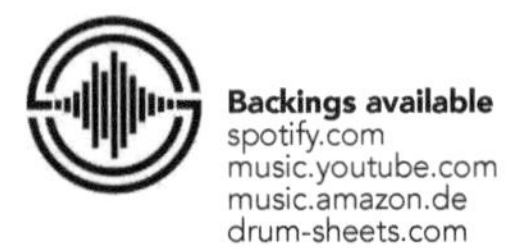

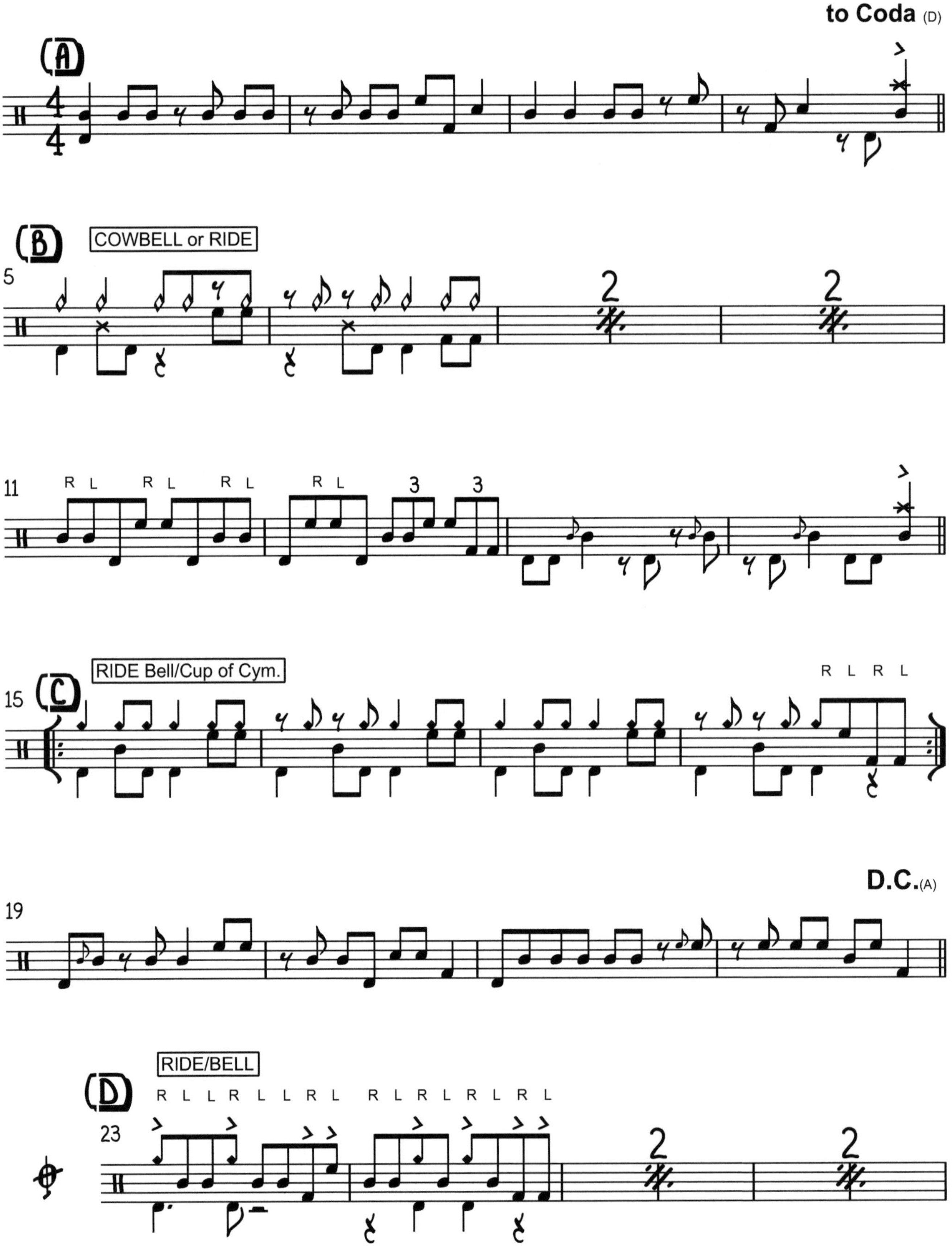

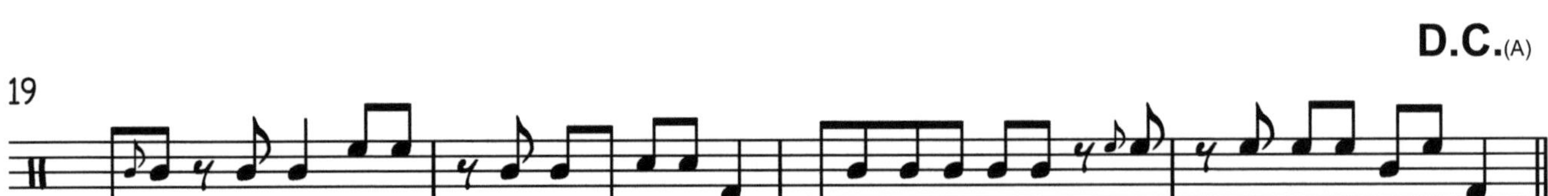

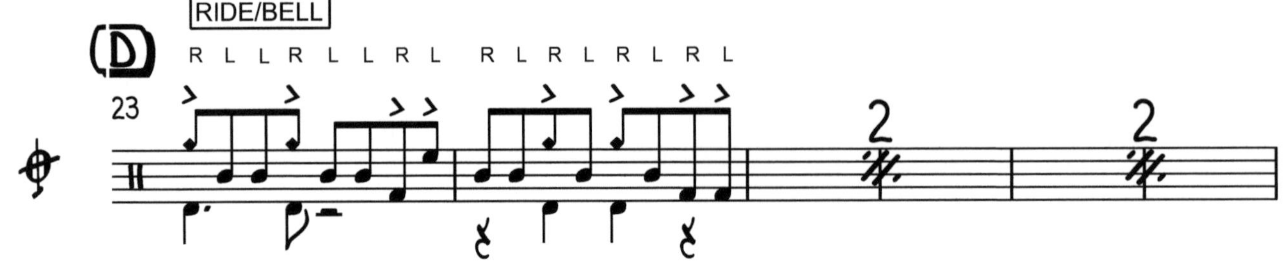

HI-HAT or Cowbell
R L R L R L
29
L L L L
p
f
E
COWBELL or RIDE

33
2
2
R L R L R L R L
3 3
F
mf

40
3 3
2
2

45
ff

Funky Goals Of Mars

Thomas Zimmermann

F
R LL RRL RRLL R LL R LL RRL RRL R LL R LL RRL RRLLR LL
31
1.
R LL RL L RRL L R LL
2.
R L R L R
G
Fill-In
34
38
Fill-In
Fill-In
D.S. (C)
al Coda (H)
43
H
3

Letters From Everest

Thomas Zimmermann

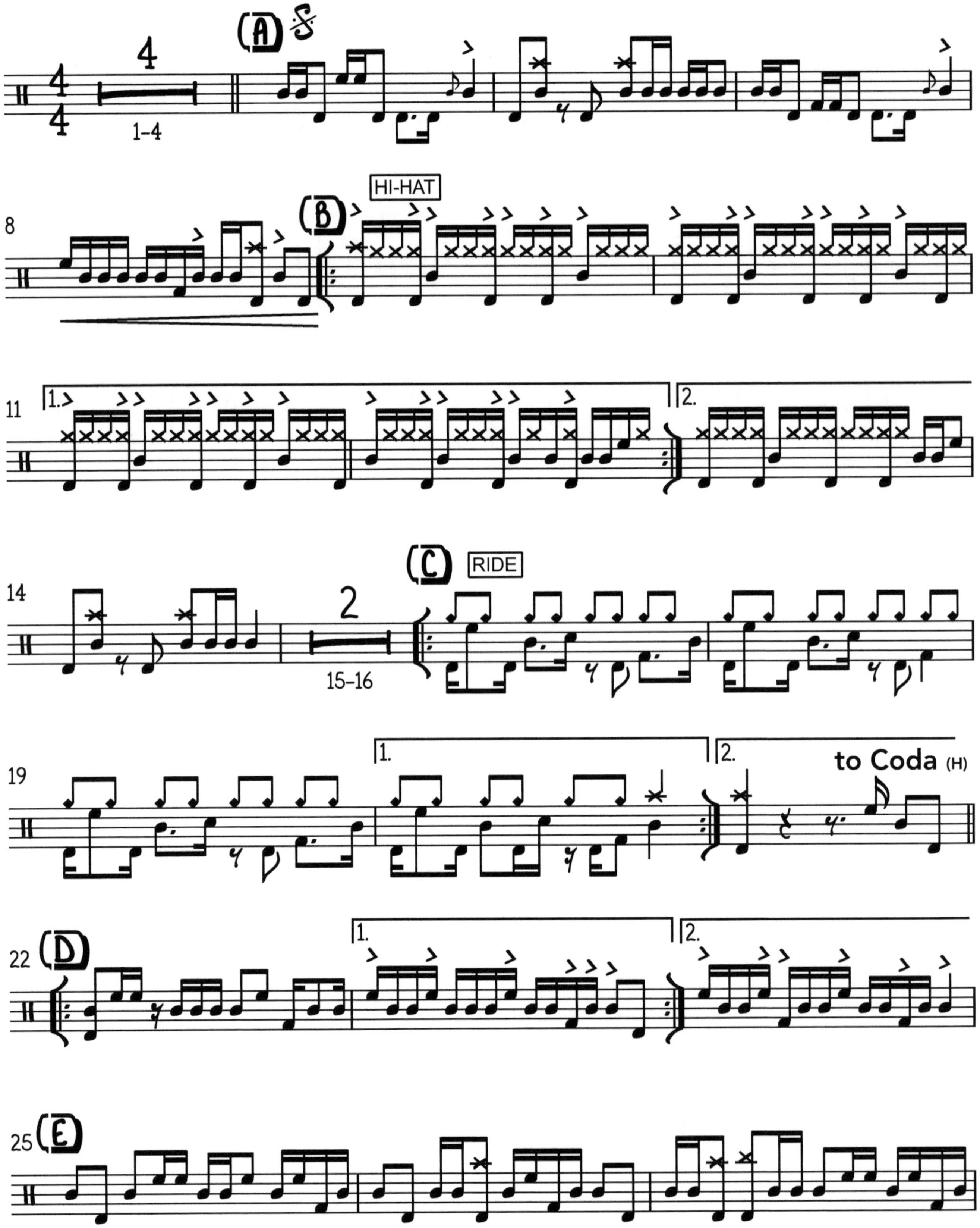

HI-HAT
RIDE
D.S. (A) al Coda
Ride-Bell

Mr. Beeblebrox

Thomas Zimmermann

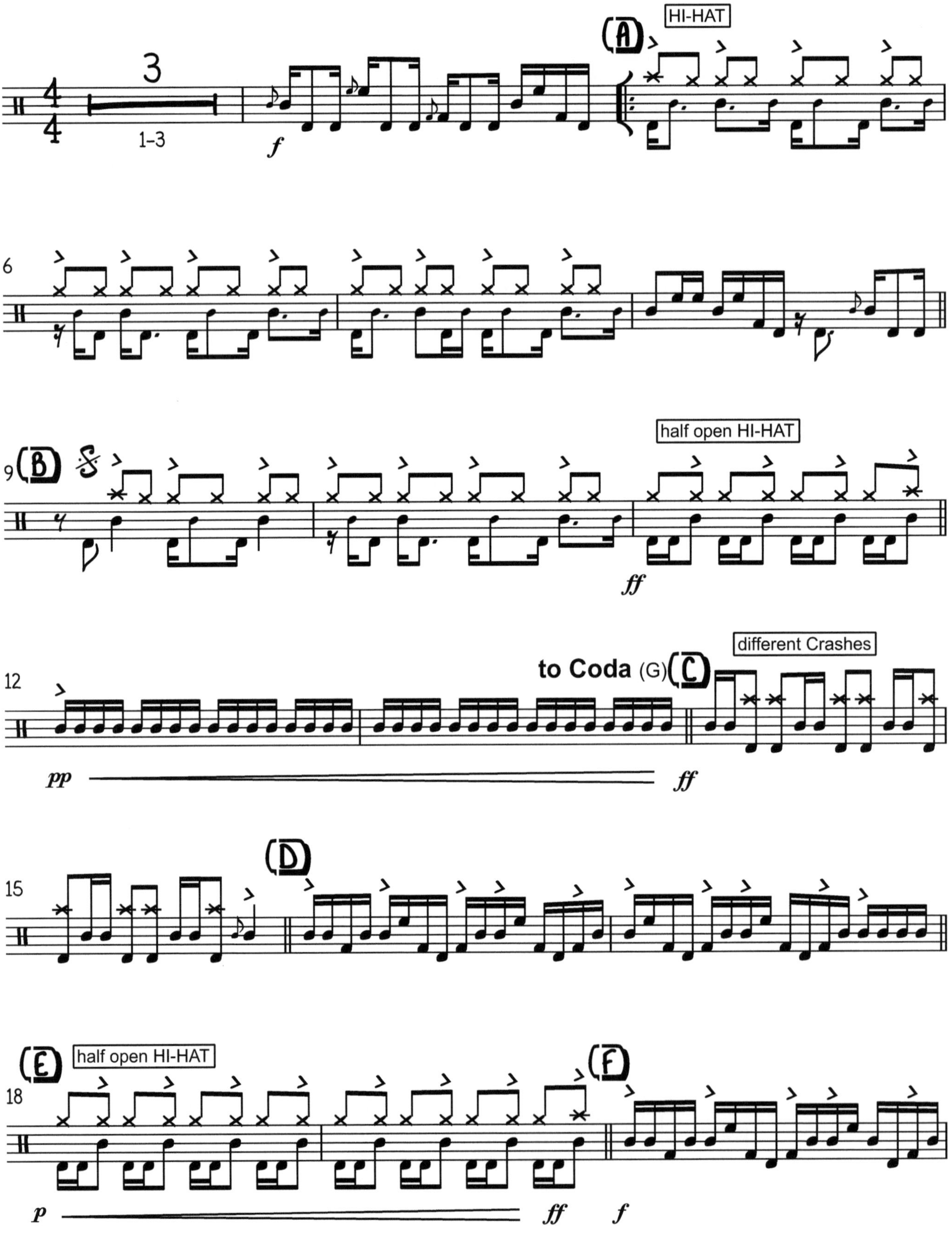

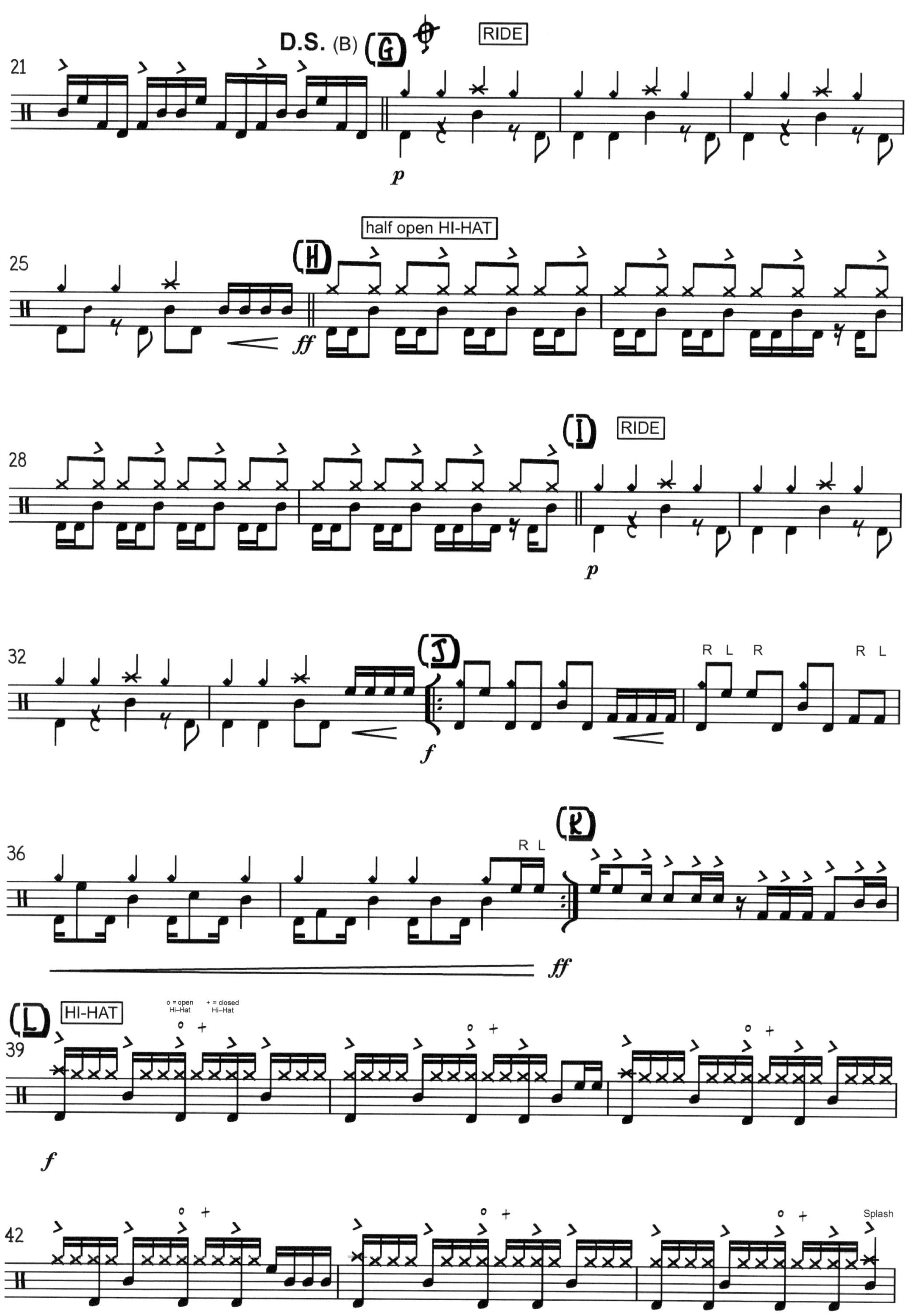

D.S. (B) (G) RIDE
half open HI-HAT
(H)
(I) RIDE
(J)
R L R R L
(K)
R L
ff
(L) HI-HAT
o = open Hi-Hat   + = closed Hi-Hat
o +   o +   o +
f
o +   o +   o +   Splash

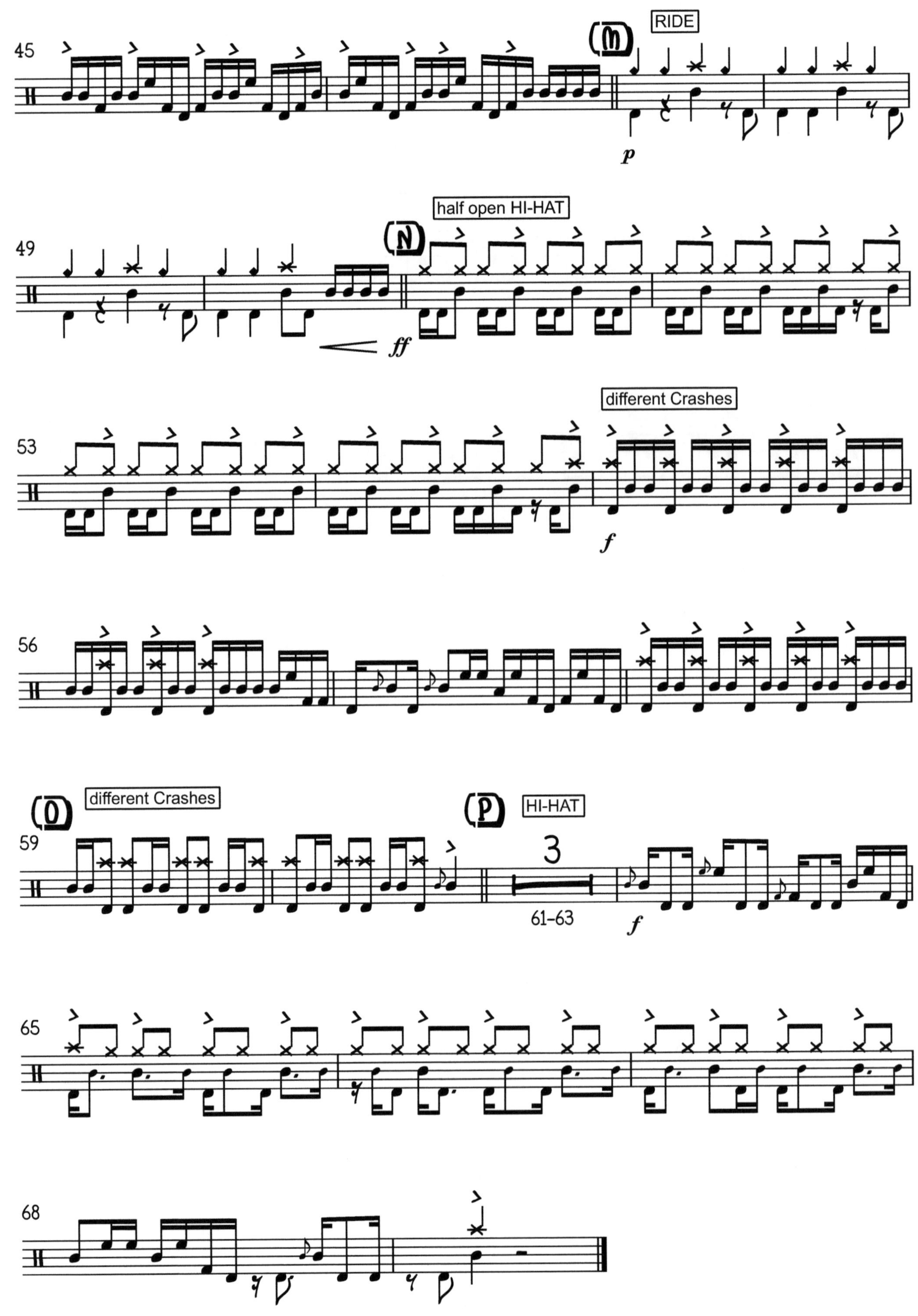

45
RIDE
(M)
p
half open HI-HAT
49
(N)
ff
different Crashes
53
f
56
(O)
different Crashes
59
(P)
HI-HAT
3
61-63
f
65
68
INSANE DRUM-SHEETS
34
© by drum-sheets.com

Noch mehr Drumstuff gefällig?

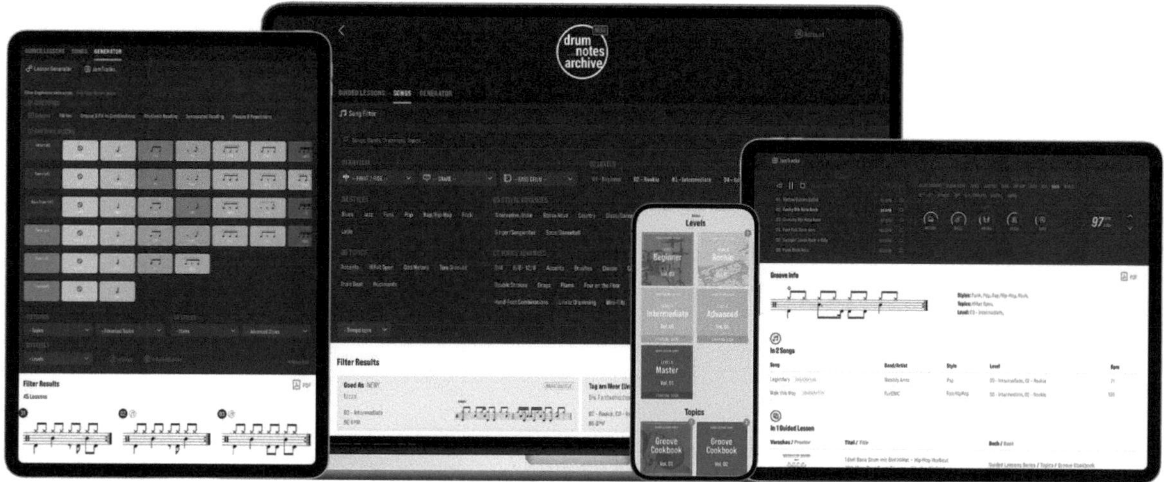

www.drumnotesarchive.com